A M. Achille ARNAUD,

COLLABORATEUR DU JOURNAL

LA RÉFORME FINANCIÈRE,

Rue de la Victoire, 41, à Paris.

MONSIEUR,

J'ai lu dans le numéro du 24 mars dernier un article où, pour calmer les émotions de la *Bourse* au sujet d'une prétendue alliance de l'Italie et de l'Allemagne contre la France, vous avez dit que les hommes d'État italiens savent que « le parti ultramontain n'est pas toute la France, » que « notre siècle n'est plus trop jeune pour lire Voltaire, » que « M. Thiers est un voltairien, et que par conséquent la République de 1872 ne fera jamais, « malgré les cris des cléricaux, » une croisade pour la plus grande gloire du pouvoir temporel ;

» soin impérieux, irrésistible, de se faire sur tous ces objets
» une croyance arrêtée. Vraie ou fausse, sublime ou ridi-
» cule, il lui en faut une. Partout et en tout temps, dans
» l'autiquité comme chez les modernes, dans les pays civi-
» lisés comme chez les sauvages, on le trouve au pied des
» autels, les uns vénérables, les autres ignobles ou même
» sanguinaires. Quand une croyance établie ne règne pas,
» mille sectes acharnées à la dispute, comme en Amérique,
» mille superstitions honteuses, comme en Chine, agitent ou
» dégradent l'esprit humain. Ou bien, si, comme dans la
» France de 93, une commotion passagère a emporté l'anti-
» que religion du pays, l'homme à l'instant même où il avait
» fait vœu de ne plus rien croire, se dément après quelques
» jours, et le culte insensé de la déesse Raison, inauguré à
» côté de l'échafaud, vient prouver que ce vœu était aussi
» vain qu'impie (p. 205). »

Non content d'avoir démontré, par ce qu'on vient de lire,
que l'homme a nécessairement besoin d'une croyance religieuse quelconque, M. Thiers indique encore quelle doit
être cette croyance religieuse, et voici comment il pose
d'abord cette question de très-haute portée : « Que peut-on
» souhaiter de mieux à une nation civilisée qu'une religion
» *nationale,* fondée sur les vrais sentiments du cœur humain,
» conforme aux règles d'une morale pure, consacrée par le
» temps, et qui, sans intolérance ni persécution, réunisse,
» sinon l'universalité, au moins la grande majorité des ci-
» toyens, au pied d'un autel antique et respecté? (p. 206) »
M. Thiers répond même à cette question ce qui suit et dont la
justesse m'a tellement frappé, que je ne puis m'empêcher de
le reproduire : « Une telle croyance, on ne saurait l'inventer
« quand elle n'existe pas depuis des siècles. Les philosophes

» peuvent agiter par leur science le siècle qu'ils honorent;
» ils font penser, mais ils ne font pas croire. Un guerrier cou-
» vert de gloire peut fonder un empire; il ne saurait fonder
» une religion. Que dans les tems anciens des sages, des
» héros, s'attribuant des relations avec le ciel, aient pu sou-
» mettre l'esprit des peuples et leur imposer une croyance,
» cela s'est vu. Mais dans les temps modernes, le créateur
» d'une religion serait tenu pour un imposteur; et, entouré
» de terreur comme Robespierre, ou de gloire comme le gé-
» néral Bonaparte, il aboutirait uniquement au ridicule. »

« Cette croyance pure, morale, antique, existant en 1800
» (continue M. Thiers), c'était la vieille religion du Christ,
» ouvrage de Dieu suivant les uns, ouvrage des .hommes
» suivant les autres, mais, suivant tous, œuvre profonde
» d'un réformateur sublime, commenté pendant 18 siècles
» par des conciles, vastes assemblées des esprits éminents de
» chaque époque, occupés à discuter sous le titre *d'hérésies*
» tous les systèmes de philosophie, adoptant successivement
» sur chacun des grands problèmes de la destinée de l'homme
» les opinions les plus plausibles, les plus sociales, les adap-
» tant pour ainsi dire à la majorité du genre humain, arri-
» vant enfin à produire ce corps de doctrine invariable,
» souvent attaqué, toujours triomphant, qu'on appelle
» UNITÉ CATHOLIQUE et aux pieds duquel sont venus se sou-
» mettre les plus beaux génies ! »

Ne se contentant pas de cette chaleureuse exclamation,
M. Thiers ajoute : « Elle existait cette religion qui avait
» rangé sous son empire tous les peuples civilisés, formé
» leurs mœurs, inspiré leurs chants, fourni le sujet de leurs
» poésies, de leurs tableaux, de leurs statues, empreint sa
» trace dans tous leurs souvenirs nationaux, marqué de son

» signe leurs drapeaux ! Elle avait disparu un moment, dans
» une grande tempête de l'esprit humain ; mais, la tem-
» pête passée, le besoin de croire revenu, elle s'était re-
» trouvée au fond des âmes comme la croyance naturelle et
» indispensable de la France et de l'Europe !

» Quoi de mieux indiqué, de plus nécessaire en 1800, »
conclut enfin M. Thiers, « que de relever cet autel de Saint
» Louis, de Charlemagne et de Clovis, un instant renversé?
» Le général Bonaparte, qui eût été ridicule s'il avait voulu
» se faire prophète ou révélateur, était dans le vrai rôle que
» lui assignait la Providence, en relevant de ses mains vic-
» torieuses cet autel vénérable, en y ramenant par son
» exemple les populations quelque temps égarées. Et il ne
» fallait pas moins que sa gloire pour une telle œuvre ! »

M. Thiers appuie et justifie cette nouvelle exclamation par
les considérations suivantes, dont le charme et le coloris
révèlent une conviction profonde, certes bien éloignée du
voltairianisme : « De grands génies, dit-il (p. 208), non
» pas seulement parmi les philosophes, mais parmi les rois,
» Voltaire et Frédéric, avaient déversé le mépris sur la re-
» ligion catholique et donné le signal des railleries pendant
» 50 années. Le général Bonaparte, qui avait autant d'esprit
» que Voltaire et plus de gloire que Frédéric, pouvait seul,
» par son exemple et son respect, faire tomber les railleries
» du dernier siècle. »

Après cette saillie heureuse, toute empreinte de l'esprit
français, l'historien du *Consulat et de l'Empire* pose, à côté
de la ferme résolution que manifesta Napoléon 1er, de re-
mettre la religion catholique sur son ancien pied, sauf les
attributions politiques, la question si controversée, de savoir

si le premier consul avait agi par une inspiration de la foi
religieuse ou bien par politique et par ambition. Or, la réponse de M. Thiers est admirable à mes yeux, par sa briè-
veté propre et par l'heureux développement des raisons sur
lesquelles il l'appuie :

« Napoléon agissait par sagesse, c'est-à-dire par suite
» d'une profonde connaissance de la nature humaine, cela
» suffit, dit M. Thiers. Le reste est un mystère que la cu-
» riosité, toujours naturelle quand il s'agit d'un grand
» homme, peut chercher à pénétrer, mais qui importe peu.
» Il faut dire cependant, aujoute-t-il, que la constitution
» morale du général Bonaparte le portait aux idées religieu-
» ses; » et voici les raisons très-plausibles qu'a données
M. Thiers :

» Une intelligence supérieure est saisie, à proportion de sa
» supériorité même, des beautés de la création. C'est l'in-
» telligence qui découvre l'intelligence dans l'univers, et un
» grand esprit est plus capable qu'un petit de voir Dieu à
» travers ses œuvres. »

M. Thiers raconte, à l'appui de ces hautes considérations,
que le général Bonaparte controversait volontiers sur les
questions philosophiques et religieuses avec Monge, Lagrange, Laplace, et les embarrassait souvent, dans leur
incrédulité, par la netteté, la vigueur originale de ses
arguments, lui qui avait été nourri dans un pays inculte et
religieux, sous les yeux d'une mère pieuse, lui chez qui
la vue du vieil autel catholique réveillait les souvenirs de
l'enfance, toujours si puissants sur une imagination sensible
et grande. « Quant à l'ambition, que certains détracteurs ont
voulu donner comme unique motif de sa conduite en cette
circonstance, il n'en avait pas d'autre alors, dit M. Thiers,

que de faire le bien en toutes choses ; et sans doute, s'il voyait comme une récompense de ce bien accompli une augmentation de pouvoir, il faut le lui pardonner, car n'est-elle pas la plus noble et la plus légitime des ambitions celle qui cherche à fonder son empire sur la satisfaction des vrais besoins des peuples ?

Après cette appréciation dont la noblesse est certes bien à la hauteur du sujet, M. Thiers fait observer que la tâche que s'était imposée le premier Consul, quoique facile en apparence puisqu'il s'agissait de satisfaire à un besoin public très-réel, était cependant fort épineuse, parce que les hommes qui l'entouraient, presque sans exception, étaient peu disposés au rétablisssement de l'ancien culte. Ces hommes, dit-il, magistrats, guerriers, littérateurs ou savants, étaient les auteurs de la Révolution française, les vrais, les uniques défenseurs de cette révolution alors décriée, ceux avec lesquels il fallait la terminer en réparant ses fautes, en consacrant définitivement ses résultats raisonnables et légitimes. Le premier Consul avait donc à contrarier vivement, continue M. Thiers, ses colloborateurs, ses soutiens, ses amis. Ces hommes, remarque-t-il avec sagesse, n'avaient pas avec Robespierre et Saint-Just versé le sang humain, et il leur était facile de désavouer les grands excès de la Révolution ; mais ils avaient partagé les erreurs de la Constituante, répété en souriant « les plaisanteries de Voltaire », et il n'était pas facile de leur faire avouer qu'ils avaient longtemps méconnu les plus hautes vérités de l'ordre social. Des savants comme Laplace, Lagrange et surtout Monge, disaient au premier Consul qu'il allait abaisser devant Rome la dignité de son gouvernement et de son siècle. M. Rœderer, le plus fougueux monarchiste du temps, celui qui voulait le plus promptement, le plus complètement possible, le retour à la monarchie, voyait lui-même avec peine, pour des raisons que M. Thiers ne fait pas connaître, le retour à l'ancien culte. M. de Talleyrand, cet ancien évêque d'Autun, qui prêta tous les serments, voulait bien qu'on ne persécutât plus les prêtres; mais, gêné par le souvenir de la participation qu'il avait eue à la spoliation du clergé et à la cérémonie de la Fédération, qu'il avait célébrée pontificalement au Champ de Mars, il ne désirait guère qu'on rétablît, avec ses règles et sa discipline, l'ancienne Église catholique, dont il était excommunié. Les compagnons d'armes de Bonaparte, dépourvus la plupart d'éducation première et nourris des vulgaires railleries des camps, non moins que des déclamations impies des clubs, répugnaient à la restauration du culte, par crainte du ridicule qui pouvait les atteindre aux pieds des autels. Enfin, les frères du premier Consul lui déconseillaient fortement, pour les mêmes motifs, ce qu'ils regardaient comme une réaction imprudente ou prématurée.

On assiégeait donc le premier Consul des conseils de toute espèce, dit M. Thiers (p. 211). Les uns lui disaient de ne pas se mêler des affaires religieuses, de se borner à ne plus persécuter les prêtres et de laisser les *assermentés* et les *insermentés* s'entendre comme ils pourraient. Les autres, reconnaissant le danger de l'indifférence et de l'inaction, l'engageaient à saisir l'occasion, au vol, à se faire sur le champ le chef d'une église *française* et à ne plus laisser ainsi dans les mains d'une autorité étrangère l'immense pouvoir d'une religion. Quelques-uns enfin lui proposaient de pousser la France vers le *protestantisme*, et lui disaient que s'il donnait l'exemple en se faisant *protestant*, elle suivrait cet exemple avec empressement.

Le premier Consul résistait de toutes les forces de sa raison et de son éloquence à ces vulgaires conseils, dit encore M. Thiers, d'après le témoignage de qui Napoléon s'était formé une bibliothèque religieuse, composée de peu de livres, mais bien choisis, relatifs pour la plupart à l'histoire de l'Église et surtout aux rapports de l'Église avec l'État. Napoléon s'était fait traduire les écrits latins de Bossuet sur cette matière, dit encore l'historien du Consulat et de l'Empire; il avait dévoré tout cela, dans les courts instants que lui laissait la direction des affaires; et, suppléant par son génie à ce qu'il ignorait, comme dans la composition du Code civil, fait encore observer M. Thiers, il étonnait tout le monde par la justesse, l'étendue, la variété de son savoir sur la matière des cultes. Suivant sa coutume, quand il était plein d'une pensée, il s'en expliquait tous les jours, avec ses collègues, ses ministres, les membres du conseil d'État et du corps législatif, avec tous les hommes enfin dont il croyait utile de redresser l'opinion.

Passant de ces généralités aux réponses que le général Bonaparte faisait aux divers conseils que lui donnait son entourage, M. Thiers développe ces réponses, dont la sagesse est démontrée par les 70 ans qui se sont écoulés depuis lors et la désorganisation de l'ordre social, par suite de laquelle ont successivement disparu Empire et Restauration, règne de Louis-Philippe et nouvelle République de 1848, empire de Napoléon III et dictature de Gambetta.

Ces réponses du général Bonaparte sont résumées par M. Thiers comme suit :

1° Au système qui consistait à ne pas se mêler des affaires religieuses, Napoléon Ier répondait qu'il était impossible à

un gouvernement sage de rester neutre en matière de religion dans un pays qui, avec la prétention d'être indifférent
sur ces matières, l'était si peu ; et il en donnait pour preuve
les désordres auxquels avait donné lieu le refus de sépulture
fait à la Champenois, actrice tant aimée du public.

2° Quant à l'idée de créer une Église nationale comme en
Russie et en Angleterre, où, au lieu d'un chef spirituel placé
à Rome, ce chef spirituel n'est autre que le chef de l'État,
Napoléon la trouvait aussi vaine que digne de mépris. Lui,
homme de guerre, portant l'épée et les éperons, livrant des
batailles, se faire chef d'Église, espèce de Pape, réglant la discipline et le dogme ! Mais c'était vouloir, dit M. Thiers, le ren-
dre aussi odieux que Robespierre, l'inventeur du culte de l'Être
suprème. « Qui donc me suivrait ? Qui donc me compose-
» rait un troupeau de *fidèles* ? Ce ne seraient pas des ortho-
» doxes, formant le grand nombre de catholiques et ne
» voulant pas suivre même de saints prêtres qui n'ont eu
» d'autre tort que celui d'avoir prêté serment à la constitu-
» tion. Ce seraient quelques mauvais ecclésiastiques, quel-
» ques moines échappés de leurs couvents, habitués des
» clubs, ayant vécu de scandale ou voulant en vivre encore,
» et attendant du chef de la nouvelle Église qu'il permît le
» mariage des prêtres ! Je n'aurais pas même pour moi
» l'abbé Grégoire, qui, tout en demandant le retour à la pri-
» mitive Église, où le mariage des prêtres était permis dans
» une certaine mesure, tenait cependant à rester en com-
» munion avec le successeur de S. Pierre ! Je n'aurais pas
» même pour moi Laréveillère-Lepeaux, qui voulait réduire
» le culte à quelques chants religieux, à quelques fleurs dé-
» posées sur un autel ! Et c'est là l'Église dont on pré-
» tendrait me faire le chef ! C'est là le rôle auquel on vou-
» drait réduire le vainqueur de Marengo et de Rivoli ! »

Ainsi fait parler Napoléon celui qui a si savamment écrit l'histoire du Consulat et de l'Empire.

M. Thiers ajoute du reste : Et c'étaient les amis ombrageux de la liberté qui proposaient un tel projet!... Mais en supposant que, par impossible, ce projet eût réussi, et qu'à son pouvoir temporel, déjà immense, le premier Consul eût réuni le pouvoir spirituel, il serait devenu le plus hideux des tyrans, le maître des corps et des âmes, tout comme le sultan de Constantinople, qui est à la fois chef de l'État, de l'armée et de la religion. Toutefois, fait judicieusement observer M. Thiers, cette tyrannie n'aurait servi qu'à produire le plus absurde de tous les schismes. Or, Napoléon voulait être le pacificateur de la France, mettre fin à toutes ses divisions religieuses aussi bien qu'à ses divisions politiques ; et, dans ce but, il voulait un Pape qui *rapprochât* au lieu de *diviser*, qui réconciliât les esprits, les réunît, et les donnât au gouvernement sorti de la Révolution, pour prix de la protection qu'il en aurait obtenue (p. 216).

« Et pour cela, disait Napoléon, il me faut le vrai Pape,
» catholique, apostolique et romain, celui qui règne au
» Vatican. »

Non content de ces paroles bien claires et bien nettes, qui me semblent d'une grande valeur, dans les circonstances actuelles, Napoléon, qui malheureusement ne cachait pas la prétention d'être toujours suffisamment le maître du Pape, avec des égards, il est vrai, Napoléon ajoutait : « Quand je
» relèverai les autels, quand je protègerai les prêtres (qu'il reconnaissait injustement dépouillés de leurs biens territoriaux), « quand je les nourrirai, et les traiterai comme les
» ministres de la religion méritent d'être traités en tout

» pays, le Pape fera ce que je lui demanderai, dans l'intérêt
» du repos général. »

« On reproche à ce chef d'être un souverain étranger, mais
» il faut en remercier le ciel, car son autorité ne saurait
» résider dans un même pays, à côté du Gouvernement de
» l'État. Elle y produirait une rivalité fâcheuse; le Pape est
» hors de Paris; mais il n'est ni à Madrid ni à Vienne, et c'est
» pourquoi nous supportons son autorité spirituelle. A Vienne
» et à Madrid, on est fondé à en dire autant. Si, en effet, il
» était à Paris, les Espagnols et les Viennois ne consenti-
» raient probablement pas à accepter ses décisions. »

Les différentes nations sont donc fort heureuses, d'après
Napoléon 1er, que le Pape ne réside chez aucune d'entre
elles, mais bien dans cette vieille Rome, loin de la main des
empereurs d'Allemagne, loin de celle des rois de France et
d'Espagne, répétait Napoléon 1er (p. 220), tenant la balance
entre les souverains catholiques. Ce sont les siècles qui ont
fait cela, ajoutait-il, et ils ont bien fait. *Je ne soutiens pas
ces choses comme par entêtement de dévot*, mais par raison.

Jugez, Monsieur, d'après tout cela, si les intérêts de la
France ne sont pas étroitement liés à ceux de la religion, et
si les uns et les autres ne doivent pas marcher de front.
Jugez si cette vieille Rome dont parlait Napoléon 1er ne doit
pas être considérée comme le pivot sur lequel tourne l'univers, et si l'auteur d'un ouvrage qu'on ne saurait trop lire,
n'a pas raison de dire : « Pékin, Constantinople, Péters-
» bourg peuvent disparaître de la terre sans que sa lumière
» en soit amoindrie ; mais le jour où Rome serait effacée de
» la carte du monde, celui-ci, semblable à un vaisseau
» sans phare, serait ballotté dans une nuit effrayante, et les

» seuls qui n'en soient pas effrayés sont ou les aveugles,
» qui ne souffrent pas des ténèbres, ou les malfaiteurs, qui
» les aiment parce qu'elles sont favorables à leurs desseins
» criminels (1). »

Il est bien entendu qu'il s'agit ici de Rome catholique et non pas de celle où s'est installée la démagogie, cette fille de Machiavel qui a si souvent violé sa parole à l'égard du Vicaire du Christ.

CHRESTIEN,

professeur-agrégé de la Faculté
de Médecine.

______

(1) *Le Bon-Sens de la Foi, Exposé en réponse aux objections philosophiques et scientifiques du jour;* par le R. P. Caussette. 1re partie, p. 438.

Montpellier, 4 avril 1872.

Montpellier. Typ. P. Grollier.